ASSURANCES SUR LA VIE

NOUVELLES OBSERVATIONS

PAR

ALFRED DE COURCY

ADMINISTRATEUR DE LA COMPAGNIE D'ASSURANCES GÉNÉRALES

PARIS
ARMAND ANGER, LIBRAIRE-ÉDITEUR
LIBRAIRIE DES ASSURANCES
48, RUE LAFFITTE, 48

1871

NOUVELLES OBSERVATIONS

TYPOGRAPHIE ET LITHOGRAPHIE RENOU ET MAULDE

ASSURANCES SUR LA VIE

NOUVELLES OBSERVATIONS

PAR

ALFRED DE COURCY

ADMINISTRATEUR DE LA COMPAGNIE D'ASSURANCES GÉNÉRALES

PARIS
ARMAND ANGER, LIBRAIRE-ÉDITEUR
LIBRAIRIE DES ASSURANCES
48, RUE LAFFITTE, 48

1871

ASSURANCES SUR LA VIE

NOUVELLES OBSERVATIONS

PAR

ALFRED DE COURCY

Administrateur de la Compagnie d'Assurances Générales.

Dans le petit livre que j'ai récemment publié sous le titre de « Précis de l'assurance sur la vie », j'étais amené à donner quelques conseils aux assurés pour le choix de la Compagnie à laquelle ils confieraient leurs économies, et je disais (page 68) : Méfiez-vous des Compagnies étrangères.

Cette simple phrase, que j'ai peut-être eu le tort de ne pas développer davantage, paraît avoir excité, en certains endroits, beaucoup de mauvaise humeur. Ce n'est pas, certes, chez les puissantes Compagnies, Anglaises ou Allemandes, qui sont en possession incontestée de la confiance de leurs nationaux, et auxquelles je ne songeais pas plus qu'elles ne songent elles-mêmes à sortir du cercle naturel de leurs opérations, mais chez les Compagnies qui se sont donné la bizarre spécialité de l'exportation, et qui opèrent *à l'étranger*. Et, en effet, je le reconnais, c'est bien aux agences étrangères, plutôt qu'aux Compagnies étrangères, que je pensais en me permettant ce conseil de défiance.

La Compagnie d'assurances générales,

s'est-on écrié, n'est-elle pas elle-même étrangère en Belgique, en Hollande et en Suisse, où pourtant elle installe des agences?

Rien n'a été, je le répète, plus loin de ma pensée que de mettre en suspicion, d'une manière générale, toutes les Compagnies étrangères ou non françaises. Il y a en Angleterre, il y a en Allemagne et ailleurs des Compagnies hautement respectables. J'estime que les Anglais et les Allemands font sagement de s'adresser à leurs Compagnies nationales, et feraient sagement de les préférer à la Compagnie d'assurances générales, à la Société dont j'ai l'honneur d'être l'un des administrateurs, si celle-ci s'avisait d'établir chez eux des agences.

Jamais, à aucune époque, elle n'en a établi en Angleterre. C'est le berceau même de l'institution, et le nombre des sociétés qui l'exploitent ne pêche pas précisément par insuffisance. La Compagnie d'assurances générales sait que des agences seraient là dans une situation trop dominée, trop secondaire, elle redouterait l'écueil du préjugé d'extranéité.

Elle a eu des agences florissantes en Allemagne, mais à quelle époque? Quand les pays germaniques, moins groupés qu'aujourd'hui, ne possédaient pas eux-mêmes de Sociétés puissamment organisées. Lorsque ces Sociétés puissantes ont été fondées et ont naturellement attiré à elles l'élite de la clientèle allemande, la Compagnie d'assurances générales a cru prudent de se retirer spontanément devant elles, leur laissant libre un champ qu'elles suffisaient à exploiter. Sa présence ne répondant plus à un besoin, elle ne voulait pas se livrer à une concurrence que des circonstances nouvelles lui rendaient défavorable.

Par la même raison, les Compagnies puissantes et honorables étant nombreuses en France, des agences étrangères n'ont rien de bon à faire sur notre sol. A quel besoin, je le demande, une agence anglaise ou allemande répondrait-elle parmi nous? Il est certain que les hommes sérieux qui auront à faire un contrat de si longue durée préféreront et devront toujours préférer les Compagnies nationales, dont ils sont en situation de mieux connaître et apprécier les garanties.

Dans un laps de trente ou quarante ans, l'agence anglaise peut être supprimée. Les assurés ou leurs héritiers seraient donc obligés d'aller faire valoir leurs droits en Angleterre, sous l'empire d'une législation qu'ils ignorent, sous le régime d'une procédure ruineuse qu'ils redoutent. Grave embarras, quand même le crédit de la Compagnie demeurerait incontesté. Que serait-ce si ce crédit, que des assurés français n'ont guère les moyens de vérifier, venait à être ébranlé ?

Je m'interroge moi-même, en me supposant désintéressé dans l'administration d'une Société française, mais Français habitant la France, parlant mal ou ne parlant pas du tout la langue anglaise, ce qui est le cas de presque tous les Français. Quelle raison quelconque, autre que de faire plaisir à l'agent, pourrais-je avoir de m'adresser, pour me faire assurer, à une agence anglaise ? Je n'en découvre aucune ; j'en aperçois cent pour ne pas m'adresser à elle et pour choisir parmi les meilleures Compagnies françaises.

Autre chose serait si je résidais à Londres, si j'étais familier avec la langue et la législation anglaises. Alors je pourrais, je devrais, quoique Français d'origine, préférer une Compagnie anglaise, parce que ce serait une Compagnie de ma résidence et de celle de mes enfants, parce que je serais en état de faire, parmi les plus solides, un choix éclairé.

C'est en ce sens, et uniquement en ce sens, que, parlant à des lecteurs français qui habitent la France, je leur ai dit et je leur répète avec une profonde conviction : méfiez-vous des agences étrangères. Je permets de grand cœur aux grandes Compagnies anglaises ou allemandes d'en dire autant à leurs nationaux. Ce n'est pas moi qui réclamerai.

Telle était donc ma pensée. Depuis que je l'exprimais trop sommairement, diverses circonstances sont venues donner à mon conseil un caractère frappant d'opportunité.

D'une part, je lis dans les journaux anglais qu'à la séance du 29 juin dernier de la Chambre des Communes, le Parlement d'Angleterre a discuté un Bill destiné à protéger les assurés contre la mauvaise gestion et les abus de concurrence désordonnée des Compagnies d'assurances sur la vie. Le mal paraît être parvenu à son comble. Des faillites récentes ont effrayé le public au point d'appeler l'intervention du Gouvernement et du Parlement.

Dieu me préserve de voir là un motif de suspicion contre toutes les Compagnies anglaises ! Il m'est seulement permis de dire que si le public anglais a pu être aisément trompé dans le choix à faire, le public français doit à bien plus forte raison se tenir sur ses gardes et craindre un choix imprudent.

D'un autre côté, au moment même où

j'écris (*), la guerre est l'objet de toutes les anxiétés. Je le demande, y a-t-il un Français qui voudrait être assuré à Berlin? Or, qu'on ne l'oublie pas, les contrats d'assurances durent trente ou quarante ans, et qui oserait jamais garantir pendant un pareil laps de temps la paix Européenne?

Aussi, je répète encore : méfiez-vous des agences étrangères.

Quand la Compagnie d'assurances générales établit des relations en Belgique, en Hollande, en Suisse, est-ce là une contradiction? Non, c'est une exception que l'énonciation de ces pays suffit à justifier.

La Belgique, la Hollande, la Suisse sont en effet des pays de petite étendue, qui ne possédent pas de Compagnies nationales assez puissantes pour satisfaire tous les besoins de leur industrieuse population. Leur

(*) Ceci était écrit en Juillet 1870.

situation géographique et politique exclut en quelque sorte la possibilité d'une guerre contre la France. En Belgique et en Suisse on parle le français; en Hollande, tous les hommes éclairés l'entendent. La Compagnie d'assurances générales a la conscience de n'y pas occuper dans l'opinion un rang secondaire, de n'y pas avoir contre elle le préjugé de la nationalité.

Voilà pourquoi elle ne se contredit pas en y faisant appel à une confiance dont elle recueille tous les jours les plus incontestables témoignages.

Du reste, je n'avais désigné, je n'avais attaqué aucune Compagnie étrangère. Il s'en est trouvé une qui, s'appliquant sans doute le conseil que je donnais, a imaginé une assez singulière vengeance. Elle prend directement à partie la Compagnie d'assurances générales; elle discute nos procédés, nos comptes, nos publications, et elle s'évertue à démontrer, avec un grand appareil scientifique, que la plus ancienne des Compagnies françaises ne mérite aucune confiance. J'avais dit au public français : méfiez-vous des Compagnies étrangères. Une Compagnie anglaise vient dire à ce même public français et en français : méfiez-vous de la Compagnie d'assurances générales.

Malheureusement pour elle, elle a essayé de développer ses raisons. Elle m'a ainsi rendu trop facile la tâche de la réfutation.

Déjà, par une circulaire à ses agents, en date du 15 février 1870, M. F. Allan-Curtis, actuaire et secrétaire-gérant du Gresham, s'était amusé à surprendre la Compagnie d'assurances générales en flagrant délit des plus grossières erreurs arithmétiques. La Compagnie d'assurances générales crut devoir réclamer auprès de lui-même par une lettre très-courtoise qui contenait les passages suivants :

« Votre circulaire du 15 février est en « réalité un acte d'accusation dirigé, au « nom de la science, contre notre Compa- « gnie. Vous voulez bien la qualifier d'ho- « norable, mais vous lui reprochez des « erreurs de calculs qui, pour se concilier « avec l'honorabilité, n'auraient que l'ex- « cuse de la plus épaisse ignorance des « principes de notre institution... Si la plus « ancienne Compagnie française en était « encore, après cinquante ans d'expérience, « à l'illusion de croire qu'une assurance « pût être faite à meilleur marché à « soixante ans qu'à trente-deux, elle méri- « terait bien, Monsieur, les ironies et les « dédains de l'Angleterre. Heureusement « pour nous, l'illusion n'existe que dans « votre raisonnement. Nos calculs, à quelque

« contrôle que nous les soumettions, de-
« meurent irréprochables, et nous espérons « vous le démontrer aisément... Nos calculs « sont donc parfaitement corrects. Nous « espérons que vous aurez la loyauté de le « reconnaître, et d'interdire à vos agents « de faire désormais usage de la circulaire « dirigée contre nous. »

M. F. Allan-Curtis a reconnu, en effet, qu'il s'était trompé, et que les calculs de la Compagnie étaient irréprochables. Il le déclare dans une nouvelle circulaire en date du 15 juin dernier, où l'on lit ce qui suit :

« La Compagnie générale m'a expliqué « les motifs de la disproportion *apparente* « entre la colonne des bénéfices en espèces « et celle des augmentations de capital. Je « n'ai donc rien à objecter à ces motifs au « point de vue de l'exactitude arithmé-« tique. »

Se tromper, quand on accuse publiquement les autres de grossières erreurs, il semble qu'il y avait de quoi rendre M. F. Allan-Curtis modeste, ou, tout au moins, circonspect dans de nouvelles accusations. Pas du tout, le voici qui se remet témérairement en campagne. Il ajoute : « La lettre « de la Compagnie générale ne détruit en « aucune façon mes objections *contre le* « *principe* qui sert de base à ses tableaux. « Loin de les atténuer, elle leur donne une « nouvelle force. » En sorte que cette pauvre Compagnie générale est à ce point maladroite et ignorante des principes de son institution que, même en démontrant que M. Allan-Curtis se trompe, elle fortifie les objections de M. Allan-Curtis.

Examinons donc si nous avons mérité cette obligeante leçon. Je ne la crois pas précisément dictée par la bienveillance ;

néanmoins, si elle était méritée, je n'hésiterais pas à engager la Compagnie générale à en faire discrètement son profit. D'où qu'ils viennent, les bons conseils doivent être suivis, et je remercierais pour ma part M. Allan-Curtis.

Les assurés demandent sans cesse, et c'est une curiosité fort légitime, quels seront pour eux, après un certain laps d'années, les résultats vraisemblables de la participation. On leur répond qu'on ne peut rien promettre, ces résultats étant nécessairement éventuels, comme les bénéfices eux-mêmes. On ne peut qu'une seule chose, *indiquer* ces résultats successifs, dans *l'hypothèse* où les inventaires ultérieurs donneraient sur l'ensemble des primes payées, suivant le système de répartition adopté, le même taux, la même proportion d'attribution que les derniers inventaires. Afin de faciliter les réponses de ses agents aux demandes des assurés, la Compagnie générale a jugé utile de dresser un tableau indicateur, sorte de compte simulé, établissant en chiffres les conséquences de cette hypothèse. Elle a soin de déclarer que ce n'est là qu'une hypothèse, et nullement une promesse.

M. Allan-Curtis discute ce tableau. Il prend pour exemple l'homme assuré à l'âge de trente ans et ayant atteint soixante ans. Il calcule le maximum du bénéfice que la Compagnie aura pu réaliser sur cette affaire, en négligeant les frais de gestion, en tenant compte des intérêts à 4 pour 100, en déduisant la réserve nécessaire pour représenter les risques à courir, et aussi la représentation des risques courus de mort prématurée. Je n'ai aucun reproche à faire ici à ce calcul, qui est appuyé sur de saines données scientifiques. Le résultat est une somme inférieure à celle que le compte simulé indique comme devant être attribuée, pour sa participation de moitié, à l'assuré de trente ans parvenu à l'âge de soixante ans. Là-dessus, M. Allan-Curtis se hâte de triompher. Dans cette période de trente ans, dit-il, on aura distribué aux actionnaires une autre moitié des bénéfices réalisés. De plus, il y aura eu nécessairement des frais de gestion. Donc, conclut-il, le compte simulé est illusoire et chimérique. La moitié du bénéfice net ne peut pas être supérieure aux deux moitiés du bénéfice brut. Donc le tableau de la Compagnie générale est un château de cartes et un pur divertissement arithmétique.

Voilà quelle est l'objection de M. Allan-Curtis. La Compagnie générale est bien et dûment convaincue de méconnaître, dans ses publications, le *principe* que la moitié est moindre que le tout. Elle professe le principe contraire, c'est M. Allan-Curtis qui l'en avertit charitablement par sa lettre du 19 mai, et qui communique cette découverte aux agents du Gresham par sa circulaire du 15 juin.

Voici maintenant ce que j'ai à répondre à M. Allan-Curtis, pour troubler la joie de son triomphe.

Son objection serait fondée si, d'une part, la Compagnie générale n'attribuait en réalité aux assurés qu'*une moitié* des bénéfices *nets*, tous frais de gestion déduits; si, d'une autre, elle prétendait distribuer cette moitié de bénéfices nets entre toutes les polices au prorata du bénéfice produit par chacune d'elles, système qui a été recommandé et pratiqué par quelques Compagnies anglaises. Alors le compte simulé serait vraiment chimérique. Que M. Allan-Curtis veuille bien m'en croire, je suis d'accord avec lui sur cet éclatant principe scientifique que la moitié est moindre que le tout.

Mais M. Allan-Curtis s'attaque aux procédés de la Compagnie Générale sans les connaître, et c'est en ce sens qu'il combat véritablement des chimères.

Il semble même n'avoir pas lu le petit livre où j'exposais clairement ces procédés. Peut-être, offusqué de la phrase : « Méfiez-vous des Compagnies étrangères », il aura refusé d'aller plus loin. Il a eu tort. Quand on attaque, il est à propos de savoir quoi.

J'ai la satisfaction d'avoir détruit d'avance l'objection par la sincérité de mes déclarations, que je n'ai qu'à rappeler.

D'une part, en effet, j'ai reconnu que la Compagnie ne porte à la charge du compte en participation qu'une faible portion des

frais, en en laissant la plus grande partie à la charge de ses actionnaires, et j'ai ajouté, page 184 : « Par suite de cette extrême mo-
« dération dans l'appropriation des frais, je
« crois que la participation attribuée aux
« assurés, au lieu d'être de moitié seule-
« ment, suivant les engagements pris par
« les Compagnies, a dû atteindre, *sinon dé-*
« *passer*, en réalité, *les trois quarts* des bé-
« néfices nets. »

D'un autre côté, je n'ai mentionné le système de répartition entre toutes les polices, au prorata du bénéfice produit par chacune d'elles, que pour le condamner. J'ai écrit, page 189 : « Il m'est aujourd'hui
« démontré que la formule est fausse et
« complétement sophistique. Elle favorise
« outre mesure et hors de toute justice, aux
« dépens des plus anciens assurés qui sont
« les vrais producteurs des bénéfices, quel-

« ques assurés récents d'un âge avancé. » J'ai exposé, pages 192 et 193, le système de la Compagnie d'assurances générales. J'ai dit que c'était un procédé de tâtonnement, et non une formule scientifique. J'ai dit enfin expressément, page 192 : « Je « n'ignore pas le vice de ce procédé ; il est « trop favorable *aux anciens assurés*, dont « les primes se totalisent à chaque inven- « taire, et dont le prorata de répartition « s'acroît sans cesse ».

Que pense-t-on donc m'apprendre en établissant, à grand renfort de calculs, que l'assuré de trente ans ayant atteint soixante ans aura reçu plus que la moitié des bénéfices qu'il aura produits par sa longévité, plus même que la totalité de ces bénéfices? Eh oui ! sans doute, il aura reçu davantage, c'est incontestable, mais aux dépens de qui? aux dépens des assurés dont le contrat aura duré peu d'années, soit qu'ils l'aient abandonné en cessant le paiement des primes, soit qu'ils soient morts prématurément. — L'équité ne me paraît pas contraire à ce résultat, alors surtout qu'il est franchement annoncé au public. Oui, les assurés qui abandonneront leur contrat après peu d'années n'auront reçu que de faibles répartitions et l'excédant accroîtra d'autant la part des autres, Oui, les assurés qui seront morts jeunes seront dans le même cas, mais leurs héritiers ne seront pas non plus en droit de se plaindre, quand ils toucheront un capital considérable en échange d'un petit nombre de primes payées. Oui, les anciens assurés seront favorisés, et l'assuré de trente ans qui atteindra soixante ans aura touché des répartitions disproportionnées avec les bénéfices qu'il aura produits. N'est-il donc pas plus intéressant pour la Compagnie que celui qui abandonne capricieusement son contrat, ou que celui dont les héritiers ont touché le capital assuré en échange de quelques primes? En sorte que cette disproportion, dont on essaie de faire une objection, est précisément un des mérites du système adopté par la Compagnie d'assurances générales.

L'objection de M. Allan-Curtis s'écroule donc. Elle porte à faux; elle suppose qu'il ne m'a pas lu ou qu'il ne m'a pas compris, et qu'il ne sait rien des procédés de la Compagnie qu'il attaque.

Il est bien entendu, d'ailleurs, que tout ceci n'a aucune relation quelconque avec la sécurité des engagements pris par la Compagnie d'assurances générales. Ce qui importe à cet égard, c'est qu'elle établisse correctement la réserve de ses risques en cours. Or, aucune critique n'a été dirigée contre le mode qu'elle emploie. Cela fait, qu'elle soit libérale pour ses assurés; qu'elle laisse à la charge de ses actionnaires la plus grande partie, la presque totalité de ses frais de gestion ; qu'elle arrive ainsi à distribuer aux assurés, au lieu de la moitié promise, les trois quarts ou davantage des bénéfices nets, les actionnaires seuls, dont les dividendes sont ainsi diminués, seraient recevables à s'en plaindre : les assurés n'ont qu'à s'en féliciter. Cela fait encore, et la somme totale du bénéfice à distribuer aux assurés étant déterminée, le procédé selon lequel cette somme sera distribuée entre les diverses polices n'importe plus aux actionnaires et ne touche en rien à la solidité des engagements de la Compagnie.

J'ai décrit le procédé de la Compagnie d'assurances générales, j'ai reconnu qu'il n'est pas scientifique, j'ai déclaré qu'il favorise *les anciens assurés*. Je suis donc en règle avec le public. Le tableau indicateur répandu par la Compagnie n'est pas un château de cartes ni un divertissement arithmétique, ce sera une vérité, *dans l'hypothèse* où la proportion de la répartition sur les primes payées se maintiendrait, aux futurs inventaires, égale à ce qu'elle a été aux derniers. Seulement je répète que c'est une hypothèse et non un engagement. Je me garderais bien d'affirmer que cette hypothèse se réalisera, ce serait préjuger l'avenir. J'ajouterai même que, dans mon opinion personnelle, la vraisemblance est plutôt pour une diminution que pour l'augmentation ou pour le maintien de la proportion. Puisqu'il est reconnu que le procédé favorise les anciens assurés, il est certain que si tous les assurés étaient anciens et de même date, la proportion de répartition serait notablement moindre. Sans doute il n'est pas possible que tous les assurés soient jamais de même date, les plus anciens seront toujours les plus favorisés; mais il suffirait d'un ralentissement dans les souscriptions, changeant sensiblement la relation entre les contrats récents et les contrats anciens, pour modifier la proportion.

Je termine cette réponse à l'objection de M. Allan-Curtis par un rapprochement de chiffres qui aura, aux yeux des assurés, son éloquence. Le compte-rendu publié à la suite de ces observations constate que pour la période de deux ans, 1868-1869, la Compagnie d'assurances générales a distribué aux assurés participants 2,529,000 fr., tandis que ses actionnaires ont seulement reçu, tant en dividendes qu'en accroissement du capital, 2,086,000 fr.

Et cependant la Compagnie n'a promis à ses assurés participants que *la moitié* des bénéfices de ces opérations; et cependant ces opérations elles-mêmes représentent à peine le quart des placements de la Compagnie. Comment donc expliquer que les assurés puissent recevoir 500,000 fr. de plus que les actionnaires?

L'explication, je l'ai déjà donnée. C'est que, libérale pour les assurés participants, la Compagnie va bien au delà de ses promesses et de ses engagements. C'est qu'elle garde à sa charge la presque totalité de ses frais de gestion, de ces frais énormes de courtages, d'agences, de propagande et de publicité qui ont été nécessaires pour faire pénétrer dans les mœurs françaises une institution longtemps méconnue. C'est qu'ainsi, comme je l'avais dit, page 184, « la participation attribuée aux assurés a dû at-

« teindre, sinon dépasser, en réalité *les*
« *trois quarts* des bénéfices nets. »

Dois-je encore reconnaître l'inspiration du Gresham dans d'autres attaques, beaucoup plus violentes en la forme et tout aussi mal fondées, dont, à l'occasion de mon livre, la Compagnie générale et même toutes les Compagnies françaises ont été l'objet de la part de quelques feuilles financières publiées en Belgique? Je ne sais, et j'en douterais si le tirage exceptionnel de ces feuilles obscures, et leur distribution avec la circulaire de M. Allan-Curtis, n'autorisait, à cet égard, une conjecture que j'aimerais à voir démentie.

Quoi qu'il en soit de la provenance, on s'est efforcé d'inquiéter la clientèle de la Compagnie générale en se faisant une arme de quelques citations incomplètes. J'avais mis la plus grande sincérité à exposer le mécanisme de ses opérations, quant à la détermination et à la répartition de ses bénéfices. Jamais, à ma connaissance, aucune Compagnie n'avait spontanément répandu autant de lumières sur ces difficiles et délicates questions. Je vais tâcher d'en répandre plus encore. Je vais publier le bilan même de la Compagnie et le compte qu'elle a rendu à ses actionnaires. Ce sera ma réponse à des attaques injustes, que je voudrais du moins pouvoir croire loyales. Je les relève seulement par respect pour une clientèle qu'elles cherchent à troubler dans une confiance que la Compagnie d'assurances générales met son honneur à conserver entière, et surtout à mériter.

J'ai donné d'assez grands développements au Chapitre X, intitulé : « La participation aux bénéfices. » J'ai dit en commençant : « Les assurés sont et doivent être absolu-

« ment étrangers aux chances de perte ou « de bénéfice de toutes les opérations finan- « cières des Compagnies. »

C'est de cette proposition, qui me semblait, qui me semble encore inattaquable, qu'on affecte de se scandaliser ; n'en pouvant pas contester la franchise et la netteté, on appelle cela jeter le masque. Voyez, s'écrie-t-on, la Compagnie d'assurances générales avoue qu'elle fait des opérations financières. Elle spécule avec l'argent de ses assurés et de ses rentiers, elle se livre à toutes sortes d'opérations, et, par son âpreté au gain, elle transforme l'assurance en un levier de spéculation. Puis, s'en prenant, tantôt à la Compagnie d'assurances générales seule, tantôt à toutes les Compagnies françaises, qui ont en effet le même système et que je défends ici en même temps, on s'évertue à combattre, par de gros mots et non par des arguments, le système français, en lui opposant je ne sais quel système anglais ou allemand que je serais bien embarrassé de discuter, car je ne l'ai vu formulé nulle part.

Il existerait donc un système anglais ou allemand qui serait l'opposé du système français? Conséquemment, il faudrait retourner, à l'égard des assurés traités selon cet autre système, la proposition ci-dessus. Il faudrait dire : « Les assurés *ne sont pas* « *étrangers*, ils sont *associés* aux chances de « perte ou de bénéfice de toutes les opéra « tions financières des Compagnies. » Est-ce cette déclaration qui devrait inspirer plus de confiance aux assurés?

Je ne suppose pas que les Sociétés anglaises ou allemandes, plus que les Sociétés françaises, gardent improductifs, enfouis dans les cave d'une banque, les capitaux que leur apporte le public. Nécessairement elles les emploient : avec prudence, je le veux bien; c'est aussi la prétention de la Compagnie générale de ne faire que des emplois prudents, et je souhaite qu'aucune Compagnie étrangère n'en ait fait de moins sages. Nécessairement donc elles ont une administration financière. J'ai dit que cet emploi des capitaux était, pour les Compagnies françaises, une tâche très-ardue et la préoccupation constante de leurs Conseils. J'ai ajouté, ce qu'on se garde bien de rappeler : « Elles sont « d'ailleurs assez étroitement limitées « quant à la nature de leurs emplois de « fonds, et protégées par leurs statuts contre « la tentation des placements aventureux. »

C'est l'article 25 des statuts de la Compagnie d'assurances générales qui a réglé cette matière, de la manière suivante :

« Le Conseil d'administration .... déter-
« mine l'emploi des fonds disponibles, soit :

« En effets publics créés ou garantis par
« le gouvernement français.

« En actions de la Banque de France.

« En emprunts des départements ou des
« villes légalement autorisés.

« En achats d'immeubles.

« Soit encore en toutes autres natures de
« placements qui seront autorisés par l'As-
« semblée générale, à la majorité des deux
« tiers des actionnaires ayant droit de
« voter. »

Pendant un espace de plus de cinquante années, il n'a été fait usage du dernier paragraphe que pour autoriser :

Les placements hypothécaires,

Les placements en obligations de chemins de fer français,

Enfin, les placements en actions de chemins de fer français.

Depuis l'établissement du Crédit Foncier, les grands placements hypothécaires par des capitalistes sont à peu près tombés en désuétude. La Compagnie a été remboursée des placements faits à une autre époque, et elle ne possède plus une seule inscription hypothécaire.

Les obligations et les actions des chemins de fer français sont donc seules ajoutées à l'énumération de l'article 25 des statuts.

Qu'on veuille bien maintenant se reporter au Bilan publié à la suite de cet écrit, on verra quel usage a été fait par le Conseil d'administration de sa prérogative.

Au 31 décembre dernier, la Compagnie

d'assurances générales possédait (en chiffres ronds) :

Fr.	18,000,000	en immeubles.
»	23,000,000	en rentes sur l'État et annuités dues par l'Etat.
»	26,000,000	en obligations de chemin de fer français.
»	19,000,000	en actions de chemins de fer français.
Fr.	86,000,000	.

Voilà donc ramenés à quatre grands groupes, à quatre chiffres, les emplois de fonds de la Compagnie. Voilà comment la Compagnie se livre à toutes sortes d'opérations et spécule avec l'argent des assurés et des rentiers !

De ces quatre chiffres, le second et le troisième, faisant ensemble un total de

49 millions, ne soulèveront, je pense, aucune critique et n'appellent de ma part aucune observation. Je me borne à dire que les rentes 3 pour 100 de la Compagnie ressortent en moyenne à un prix d'achat de 67-68, et les obligations de chemins de fer à un prix d'achat de 307 50. Si ces valeurs avaient été estimées au cours du 31 décembre dernier, elles auraient donné un bénéfice d'environ 2,200,000 fr. Mais la Compagnie, conservant ces valeurs et ne les réalisant pas, ne compte même pas pour mémoire un tel bénéfice.

Le quatrième chiffre pourrait seul être l'objet d'une critique, si on ne l'avait réfutée d'avance par la création d'un fonds spécial d'amortissement. J'avais reconnu (1) que les actions des meilleurs chemins de

(1) *Précis de l'Assurance sur la vie*, page 164.

fer français donnent un revenu relativement élevé, *peut-être au prix de quelques risques sur une partie du capital*. Je l'avais dit à dessein, non sans mûre réflexion, non sans peser tous les mots, non sans savoir quels commentaires malveillants on pourrait s'efforcer de faire sur la sincérité de ces paroles. Je ne connais que le Gresham qui ait, si j'en crois son président, le talent de toucher de ses placements des revenus d'autant plus élevés qu'ils sont plus solides. Je lis dans un rapport à l'Assemblée générale de cette Compagnie du 14 novembre 1867 : « L'intérêt des fonds placés s'est « maintenu au niveau précédemment ob- « tenu, il a même dépassé de 1/4 pour 100 « environ la moyenne réalisée au dernier « inventaire, et ceci, *grâce à la solidité des « placements de la Compagnie*, car la solidité « a été la préoccupation principale du Con-

« seil. » J'envie au Gresham ce secret et ne le possède pas.

Je n'apprenais donc rien à personne en énonçant une vérité financière incontestable. Mais les assurés et les rentiers n'ayant aucun moyen de savoir, par le texte des statuts de la Compagnie, qu'elle place des fonds en actions des chemins de fer français, je trouvais qu'il était bon et loyal de le leur déclarer. Eh bien! oui, je le répète, les actions des meilleurs chemins de fer présentent peut-être quelques risques sur une partie du capital. Aussi, en même temps qu'il autorisait cette loyale déclaration aux assurés et aux rentiers, le Conseil d'administration de la Compagnie générale décidait la création d'un fonds spécial d'amortissement destiné à couvrir ces risques éventuels. L'Assemblée générale des actionnaires du 26 avril dernier donnait son adhésion unanime à cette prudente mesure, qui recevait aussitôt un commencement d'exécution. Une première somme de 62.398 fr., prise sur les dividendes de 1868, touchés en 1869, était portée en réserve, au compte nouveau d'amortissement, et figure au bilan de la Compagnie; ce compte ira en s'accroissant d'année en année, et ainsi seront couverts les risques que la sagesse de l'administration l'invitait à prévoir.

J'arrive aux immeubles, qui figurent au bilan pour dix-huit millions. Cette somme se divise comme suit, en deux natures de placements bien distincts quoique confondus sous la même dénomination :

13,000,000 fr. environ en immeubles à Paris.

5,000,000 fr. en immeubles forestiers et ruraux.

A priori, il semblerait que de tous les placements que pouvait faire une Compagnie, le plus sûr, celui qui offrait aux assurés et aux rentiers les plus amples, les plus complètes garanties était un placement en forêts. Ainsi l'avaient jugé nos devanciers dans l'administration de la Compagnie. Le revenu net est certes bien modeste, mais, selon le système français, les actionnaires souffraient seuls de cette insuffisance de revenu, et la Compagnie étalait avec complaisance, sur ses prospectus et ses affiches, ses belles propriétés forestières comme étant celles qui devaient inspirer à sa clientèle le plus de confiance. Eh bien! l'événement a donné à ces aperçus un pénible démenti. Tandis que les immeubles de Paris, participant à l'accroissement de la propriété immobilière, acquéraient une plus-value qu'on ne peut guère estimer à moins de trois millions, certains immeubles forestiers éprouvaient plutôt une dépréciation. Quand la Compagnie, se lassant de ne recueillir *pour ses actionnaires* que des revenus trop exigus, en vue de compensations d'avenir qui s'éloignaient sans cesse, a résolu d'entrer pour ces placements dans une voie de liquidation, elle a reconnu que cette liquidation serait longue, laborieuse, et l'exposait à subir finalement une perte.

Ainsi, sur une masse de placements de 86 millions, il y en a pour 81 millions qui sont dans les conditions les plus satisfaisantes et qui représentaient, au 31 décembre 1869, sur les prix d'achat, une plus-value d'au moins sept millions. Un seul chapitre était dans des conditions fâcheuses, et, par un étrange concours de circonstances, cette exception unique porte précisément sur la nature de placements que l'opinion eût, *a priori*, réputée la plus solide et la plus sûre, à savoir sur les placements en biens forestiers et ruraux.

Qu'a fait alors le Conseil d'administration? Assurément il n'y avait rien là qui fût inquiétant à aucun degré. Assurément, quand la masse des autres placements présentait une plus-value certaine de sept millions, on pouvait, sans encourir de reproches, considérer comme surabondamment compensée quelque moins-value éventuelle sur le chapitre des placements forestiers, moins-value que des circonstances plus favorables laisseraient d'ailleurs l'espoir d'effacer. La Compagnie venait de réaliser sur un seul de ses immeubles de Paris, par une revente pour le percement de la rue du Dix-Décembre, un bénéfice de près d'un million. Elle pouvait distribuer ce bénéfice à ses actionnaires. Et néanmoins, tel a été le scrupule du Conseil d'administration, telle a été la modération de l'Assemblée des actionnaires, s'associant unanimement aux vues circonspectes du Conseil, qu'il a été décidé de ne pas toucher à ce bénéfice réalisé, et de le verser à une nouvelle réserve spéciale, destinée à couvrir les chances de la liquidation des immeubles forestiers. Cette réserve immobilière a été portée immédiatement, avec l'aide d'autres ressources disponibles, à un million et demi. Elle est inscrite pour la dite somme de 1,500,000 fr. au bilan de la Compagnie.

Voilà ce qu'à été l'administration financière de la Compagnie d'assurances générales.

Je souhaite que les Compagnies étrangères, dans l'intérêt desquelles on se permet de l'attaquer, aient et la même sagesse d'administration et la même franchise à faire connaître au public leur situation tout entière.

Maintenant, je reviens à ma proposition. « Les assurés sont et doivent être absolu- « ment étrangers aux chances de perte et « de bénéfice de toutes les opérations finan- « cières des Compagnies; » et il me semble, après le résumé qui précède, que cette proposition se justifie tellement par son simple énoncé, que je ne serai plus embarrassé que de saisir une objection, de comprendre une contradiction.

Ainsi, la Compagnie d'assurances générales avait acheté, en 1824, un immeuble, rue Richelieu. En 1869, quarante-cinq ans après, la ville de Paris ouvre la rue du Dix-Décembre, la Compagnie lui vend son immeuble et réalise un bénéfice d'un million. Est-ce sérieusement qu'on prétendra que les assurés doivent participer à ce bénéfice ?

Quels assurés ? demanderai-je. Ceux de 1824 ? Il en reste un seul survivant, et ils étaient dès-lors si peu nombreux que ce n'est certes pas avec leur argent que la Compagnie achetait des immeubles. Les assurés postérieurs n'ont pas non plus contribué pour un centime au placement qui a produit le bénéfice. Sous quel prétexte quelconque viendraient-ils y prendre part ?

Mais, voici la contre-partie. En 1843, la forêt de Montmorency est mise en vente publique. Le Conseil d'administration de la Compagnie croit de son intérêt bien entendu d'employer là quelques fonds qui lui paraissent devoir être à l'abri des vicissitudes et constituer pour les rentiers, on ne songeait pas encore aux rares assurés, la garantie la plus solide. Plus tard, persévérant dans la même pensée, à mesure qu'affluent les capitaux des rentiers, le Conseil décide successivement d'autres acquisitions forestières. Il achète notamment 3,000 hectares de landes en Gascogne, les fait ensemencer avec soin, et la Compagnie possède là, à quatre lieues à peine de Bordeaux, une forêt de jeunes pins de la plus magnifique apparence. Un quart de siècle s'écoule, la Compagnie n'a eu, de l'ensemble de ces placements, que des revenus très-exigus, dont l'insuffisance a pesé longtemps sur les dividendes de ses actionnaires et sur le cours de ses actions. De plus, les espérances fondées sur l'accroissement du capital ne se sont pas encore réalisées. Le tracé des chemins de fer ne s'est pas assez rapproché de la forêt de Montmorency pour y élever la valeur des terrains; d'un autre côté, la baisse survenue dans le prix de la résine a jeté de la défaveur sur les forêts de pins. Bref, la Compagnie s'est trompée, elle a fait une mauvaise affaire, et en se résolvant à la liquider, elle entrevoit la possibilité d'une perte.

Est-ce sérieusement, dirai-je encore, que l'on prétendra que les assurés doivent souffrir des conséquences fâcheuses de ces opérations? Que dans le passé, et pendant vingt-cinq ans, ils ont dû souffrir de l'insuffisance de revenu de propriétés qui, en fait, n'ont pas même été achetées de leur argent? Que dans l'avenir la masse des assurés, dont l'immense majorité a contracté long-temps après ces acquisitions, devra subir la moitié de la perte qu'elles pourront laisser ?

Et ce sont des défenseurs officieux des intérêts des assurés qui oseraient soutenir une pareille thèse ? Et il y aurait je ne sais quel système anglais ou allemand d'après lequel les assurés de 1869 participeraient au bénéfice de la revente d'un immeuble acheté en 1824, et à la perte de la revente d'un autre immeuble acheté en 1843?

Je supplie qu'on veuille bien formuler, expliquer ce prétendu système anglais ou allemand que j'estimerais si insensé. Je ne le connais pas, et j'ajoute que je n'y crois pas.

Je connais le système français, je l'ai exposé clairement, je le défends avec la plus vive conviction. Je répète que les tarifs d'assurances étant basés sur l'intérêt de 4 p. 100, c'est là un forfait convenu, et que la Compagnie est obligée de bonifier un intérêt de 4 p. 100, dans l'établissement de son compte en participation, sur toutes les primes reçues de ses assurés. Si elle touche un intérêt supérieur de ses placements, c'est au profit de ses actionnaires; si elle touche un intérêt inférieur, c'est à leurs dépens. Je répète que sur le capital même des placements il y a nécessairement des fluctuations, des chances de bénéfice et de perte, et que les assurés sont et doivent être encore étrangers à ces chances. Tel est le système français.

Et non seulement il en est, il en doit être ainsi, mais je considérerais comme impossible, dans l'organisation des Compagnies françaises, qu'il en fût autrement. En effet, ces Compagnies ne se contentent pas de souscrire des assurances avec participation aux bénéfices, elles souscrivent aussi, au choix et à la demande des assurés, des assurances sans participation; elles souscrivent des assurances temporaires, des assurances de survie, des assurances différées; enfin, et surtout, elles constituent des rentes viagères. Pendant plus de quarante ans, les capitaux qu'elles avaient à placer provenaient presqu'exclusivement des constitutions de rentes viagères. Maintenant encore, malgré le brillant essor pris par les assurances avec participation, le bilan de la Compagnie d'assurances générales constate que sur les 86 millions de ses placements, il n'en provient que le quart environ des primes de ces assurances. Comment donc distinguer les placements faits spécialement au moyen de ces primes? Faudrait-il attribuer, sur les livres de la Compagnie, tels immeubles ou telles valeurs à la garantie et aussi aux risques des assurés, tels autres immeubles ou valeurs à la garantie des rentiers? Outre que les statuts de la Compagnie ne le permettraient pas, ce serait, je ne crains pas de le dire, une comptabilité extravagante.

Je termine là ces observations. Je suis loin de me plaindre d'agressions auxquelles je dois l'occasion des développements qui précèdent. Plus volontiers je remercierais les agresseurs.

La brochure qui précède était livrée à l'impression, au mois de Juillet 1870, lorsqu'ont éclaté les calamités de la guerre. En la publiant aujourd'hui, je ne crois pas devoir y changer un seul mot. Il me plaît que les lecteurs attentifs, que les assurés de la Compagnie, en France et hors de France, voient dans toute leur intégrité quelles opinions j'exprimais avant la guerre, et les jugent à la lueur des derniers événements.

Mais il me semble à propos de faire suivre le compte rendu à l'Assemblée des actionnaires de la Compagnie d'Assurances Générales le 26 Avril 1870 des rapports présentés à l'Assemblée du 15 Juillet 1871.

Il était à prevoir que les concurrents dont j'ai relevé les attaques s'efforceraient d'exploiter contre la Compagnie d'Assurances Générales les malheurs de la France. Ils n'y ont pas manqué; seulement je leur demande de vouloir bien choisir entre leurs deux principales critiques. Ils nous ont reproché ce qu'ils appellent nos spéculations, ils se complaisent à supputer les millions que nous avons perdus. Ils m'ont reproché non moins vivement d'avoir écrit: « Les assurés » sont et doivent être absolument étrangers » aux chances de perte ou de bénéfice de » toutes les opérations financières des Com» pagnies. » Maintiennent-ils ce dernier reproche? Je suis curieux de le savoir.

La question est d'autant plus intéressante

que les pertes subies par suite de la crise financière sont plus considérables. Il faut être conséquent. Il faut oser dire que nos assurés ont à supporter la moitié de ces millions, qu'on prétend perdus. Et par exemple, pour ne citer qu'un détail, une des opérations de cette Compagnie aux spéculations aventureuses a été d'organiser à Paris une ambulance qui lui a coûté plus de cent mille francs. Il faut soutenir qu'il serait juste d'en mettre cinquante mille à la charge de nos assurés, transformés en hospitaliers à leur insu. Et encore, la Compagnie a traité et traite tous les jours amiablement, libéralement avec les locataires de ses immeubles, leur accordant suivant les circonstances de chacun des réductions de loyer ou des remises de termes. Il faut soutenir que nos assurés, associés à toutes nos chances, ont à participer pour moitié à ces concessions, et qu'en fait, quand nous abandonnons deux termes à nos locataires, il y en a un dont ils ont à remercier nos assurés. Et encore, si les obus ou le pétrole avaient détruit un de nos immeubles, il faut soutenir que nos assurés seraient entrés pour moitié dans les dépenses de la reconstruction.

Je doute que nos assurés accueillent volontiers cette thèse de nos obligeants concurrents.

Je me permets de croire qu'ils préfèrent la mienne, et se féliciteront que j'aie écrit :

» Les assurés sont et doivent être absolument étrangers aux chances de perte ou de bénéfice de toutes les opérations financières des Compagnies. »

Oui, et plus que jamais je le répéte, il en est et il en doit être ainsi. La Compagnie d'Assurances Générales ne change pas de thèse suivant les circonstances. Elle déclare de nouveau à tous ses assurés passés et à venir qu'elle traite avec eux à forfait quant à l'intérêt de 4 % qui est bonifié au compte en participation sur les primes payées, et que le capital de ces primes demeure lui-même invariable sur ses livres. Pour le surplus, et dans sa gestion financière, la Compagnie est complétement indépendante des assurés. Les chances de ses placements, les augmentations ou les réductions de produits, les fluctuations des cours ne concernent que nos actionnaires.

Dans le compte en participation, un seul point est donc élastique et livré à un certain arbitraire de la part de la Compagnie, l'appropriation des frais. Il serait juste, parfaitement juste que le compte en participation des assurances pour la vie entière fût chargé de tous les frais spéciaux à ces assurances et d'une proportion des frais généraux. Il a cependant convenu à la Compagnie, jusqu'à présent, ainsi que je l'ai dit, de ne mettre qu'une très-faible partie des frais à la charge du compte en participation : serait-elle aussi libérale dans des circonstances moins prospères pour ses actionnaires? Je ne sais, et aucun homme sensé ne trouvera mauvais qu'elle réserve à cet égard sa liberté. Mais, sauf cette observation, je répète une fois de plus que nos assurés sont étrangers aux chances financières de nos placements.

Mais l'on s'efforce aussi d'inquiéter nos assurés sur notre crédit. On fait ressortir l'insuffisance de notre capital social, que pourrait absorber la dépréciation de nos valeurs. Après nous avoir reproché de faire toutes sortes de spéculations financières, on nous reproche aujourd'hui de n'en avoir pas fait d'assez diverses. Vaincu par l'évidence de nos comptes-rendus, qui constatent que tous nos placements sont dans les plus solides valeurs françaises, on regrette que nous n'ayons que des valeurs françaises, et que nous n'ayons pas fait nos placements à l'étranger.

Ici, je suis bien obligé de le reconnaître, oui, nous n'avons à présenter à nos assurés qu'un crédit français; oui, si les événements avaient renversé le crédit de la France, ils eussent du même coup renversé le nôtre, qui en est solidaire; oui, la Compagnie d'Assurances Générales est une Compagnie française, et je ne saurais aucun moyen de faire survivre son crédit à la ruine du crédit de la France.

Il est douloureux d'entendre des étrangers nous reprocher nos malheurs publics et s'en faire un argument pour nous disputer notre clientèle. Nous sommes condamnés à cette amertume, et nous devons rester modestes. Peut-être, cependant, l'empressement qui s'est porté à l'emprunt national de deux milliards a-t-il témoigné que la confiance dans le crédit de la France n'est pas ébranlée. Peut-être aussi les franches explications que nous avons données le 15 Juillet dernier à nos actionnaires seront-elles jugées de nature à calmer, sinon les alarmes de nos concurrents étrangers, dont la bienveillance ne souhaite pas trop d'être rassurée, du moins, ce qui nous importe davantage, les inquiétudes qu'ils essaient d'inspirer à nos clients.

Paris, le 1er Août 1871.

COMPAGNIE

D'ASSURANCES GÉNÉRALES

SUR LA VIE

AUTORISÉE PAR ORDONNANCE DU 22 DÉCEMBRE 1819

Établie à Paris, rue de Richelieu, n° 87

ASSEMBLÉE GÉNÉRALE DU 26 AVRIL 1870

RAPPORT DE M. P. DE HERCÉ

DIRECTEUR

MESSIEURS,

Conformément à l'article 37 des Statuts, j'ai l'honneur de vous rendre compte, au nom du Conseil d'administration, des opérations de la Compagnie pendant l'année 1869, ainsi que des résultats de la période biennale arrivée à son terme le 31 Décembre dernier.

Les états qui en justifient sont déposés sur le bureau.

Les souscriptions réalisées en 1869, pour assurances en

cas de décès, mixtes, à terme fixe et différées, s'élèvent en capitaux à la somme de........... F. 60.341.797 10

Les souscriptions réalisées en 1868 étaient de........................ F. 60.577.946 05

Total pour la période..... F. 120.919.743 15

Les souscriptions de la période 1866-1867 ne s'étaient élevées, en capitaux assurés, qu'à une somme totale de.. F. 84.513.154 20

La période expirée le 31 Décembre dernier présente donc, sur la période précédente, une augmentation en capitaux assurés de.................. F. 36.406.588 95

Les rentes viagères immédiates, différées et de survie, constituées en 1869, s'élèvent à..... F. 987.090 50

Celles constituées en 1868 étaient de........................... F. 827.744 80

Total pour la période..... F. 1.814.835 30

Les rentes constituées dans la période précédente (1866-1867) ne s'étaient élevées qu'à........................ F. 1.345.499 80

Il y a donc augmentation en rentes constituées, pour la dernière période, de................................ F. 469.335 50

Le nombre des assurés décédés en 1869 est de 147; les sommes assurées sur leur tête s'élevaient à.............................. F. 2.922.365 21

Dont F. 2.422.730 20 ont été payés aux ayants-droit.

Et F. 499.635 01 restaient à payer au 31 Décembre 1869.

Les rentes éteintes en 1869, par suite du décès de 453 rentiers, s'élèvent à la somme de... F. 349.646 60

Nos recettes pour la période 1868-1869 présentent les résultats suivants :

Capitaux et primes encaissés pour constitution de rentes viagères immédiates, différées et de survie...........................	F.	17.622.031	85
Primes encaissées pour capitaux assurés en 1868 et 1869............	F.	3.859.977	92
Primes encaissées pour assurances antérieures à 1868...............	F.	16.148.711	74
Solde du compte d'intérêts, déduction faite d'une somme de F. 3.105.876 39 dont les divers comptes d'assurances ont été crédités.................	F.	2.570.053	62
Total des recettes.....	F.	40.200.775	13

Nos dépenses pour la même période se résument comme suit :

Sommes payées aux ayants-droit des assurés décédés en 1868-1869..........................	F.	4.738.283	23
Sommes payées pour contrats d'assurances mixtes ou différées arrivés à terme............................	F.	124.730	65
A reporter.......	F.	4.863.013	88

Report........	F.	4.863.013	88
Primes de réassurances	F.	353.034	40
Prêts aux assurés sur leurs contrats	F.	357.949	80
Rachat de contrats..............	F.	731.338	25
Arrérages payés	F.	9.998.600	86
Frais de toute nature, déduction faite de la part mise à la charge des comptes d'assurances vie entière, mixte et terme fixe..........................	F.	3.422.813	31
Total des dépenses.....	F.	19.726.750	50

Les risques en cours au 31 Décembre 1869 se décomposent comme suit :

CAPITAUX	Assurances vie entière..	F.	230.521.959	25
	Assurances mixtes.....	F.	33.786.419	50
	Assurances à terme fixe.	F.	3.299.117	»
	Assurances de survie..	F.	532.500	»
	Assurances temporaires.	F.	3.935.052	44
	Assurances différées...	F.	6.053.679	28
	Total............	F.	278.128.727	47
RENTES VIAGÈRES	Rentes de survie......	F.	242.283	»
	Rentes différées.......	F.	205.766	45
	Rentes immédiates....	F.	5.852.399	65
	Total............	F.	6.300.449	10

Les réserves pour faire face à ces engagements s'élèvent, savoir :

Pour les capitaux assurés à.......	F. 26.800.061	48
Pour les rentes de survie et les rentes différées à........................	F. 1.278.060	»
Pour les rentes viagères immédiates à	F. 51.890.174	32
Total des réserves.	F. 79.968.295	80

Nos placements tant en immeubles qu'en valeurs mobilières ont une importance de....... F. 87.075.961 54 non compris les sommes en caisse et à la Banque de France, les effets à recevoir, les prêts faits aux assurés et les soldes des divers comptes débiteurs.

Le prix actuel de nos valeurs mobilières et de nos immeubles de Paris est notablement supérieur au prix de revient porté sur l'état qui vous est présenté. Cependant votre Conseil à pensé qu'il était sage d'ouvrir un *compte* dit *d'amortissement des actions de Chemins de fer*, et un autre *compte* dit *de réserve immobilière*.

Le compte d'amortissement, qui reçoit déjà aujourd'hui F. 62, 398, serait crédité chaque année d'une partie de nos dividendes de nos actions de Chemins de fer.

La réserve immobilière servirait à couvrir la perte que nous pourrions faire dans l'avenir sur nos immeubles ruraux; le prix de ces immeubles est de F. 4,803,060 31. La somme que votre Conseil propose d'affecter dès à présent à cette réserve et qui est formée en partie par le solde de l'ancien compte dit de réserve du compte d'intérêts et en partie par le bénéfice réalisé sur la cession à la ville de Paris, pour le percement de la rue du Dix-Décembre, de l'immeuble situé rue Richelieu, 79, serait de F. 1,500,000.

Si vous approuvez ces prélèvements et les comptes qui vous sont soumis, le compte de profits et pertes présentera un solde de .... F. 4.615.700 70

Dont à déduire :

Participation des assurances vie entière.... F.	2.045.486 80	2.529.307 90
Participation des assurances mixtes,....... F.	473.812 30	
Participation des assurances à terme fixe.. F.	10.008 80	
Solde net....... F.		2.086.392 80
Sur cette somme, il sera porté à la réserve capitalisée................. F.		203.600 »
Il restera....... F.		1.882.792 80
Dont à déduire les répartitions par à-comptes faites en Novembre 1868, Mai et Novembre 1869, et s'élevant à F. 1,300 par action, soit.................. F.		520.000 »
Il restera...... F.		1.362.792 80
Sur cette somme il vous sera réparti 3,400 fr. par action, soit........... F.		1.360.000 »
Et il restera à compte nouveau un solde de........................ F.		2.792 80

La réserve capitalisée, augmentée de F. 203,600, se trouvera portée à........................ F. 2.655.400 »
et formera avec le capital primitif de. F. 3.000.000 »
un capital entièrement réalisé de..... F. 5.655.400 »

Soit de F. 14.138 50 par chaque action nominative.

Le dividende aura été pour la période biennale 1868-1869 de F. 5,209 par action nominative, dont en argent.......................... F. 4.700 »

Et en augmentation de la valeur de l'action.......................... F. 509 »

Total égal..... F. 5.209 »

Vous êtes invités, Messieurs, à élire trois Commissaires pour la vérification des comptes de 1870.

Vous êtes également invités à élire deux Administrateurs, en remplacement de MM. Edmond Odier et Gustave Trubert, dont les fonctions sont expirées.

Vous savez que les Administrateurs sortant sont rééligibles.

Vous allez entendre les observations de M. l'Inspecteur.

M. Grandidier, inspecteur, à la suite du rapport qui précède, a communiqué à l'Assemblée ses observations.

M. de La Fontaine, au nom de la Commission de comptabilité, a témoigné de la concordance des résultats présentés avec les livres de la Compagnie et a conclu à l'adoption des comptes de la période 1868-1869.

L'Assemblée a voté l'approbation de ces comptes, les prélèvements pour le compte d'amortissement des actions de Chemins de fer et pour celui de la réserve immobilière et la distribution du dividende

Elle a nommé MM. le Baron DE BRAY, GANNERON et DE LAURISTON, Commissaires pour la vérification de la comptabilité de l'année 1870.

Elle a procédé, au scrutin, à l'élection de deux Administrateurs.

MM. EDMOND ODIER et GUSTAVE TRUBERT, ont été réélus pour quatre ans.

ÉTAT N° 1

Souscriptions réalisées pendant l'année 1869.

NATURE DES OPÉRATIONS	CAPITAUX ASSURÉS	RENTES CONSTITUÉES	CAPITAUX et primes de 1re année ENCAISSÉS
Assurances vie entière.....	49.924.404 75	» »	1.167.839 55
— mixtes.........	7.040.068 »	» »	322.254 80
— à terme fixe....	1.604.817 »	» »	201.483 »
— temporaires....	539.224 10	» »	13.184 45
— de survie.......	» »	42.433 »	15.936 50
— différées.... ...	1.233.283 25	39.394 »	308.282 60
Rentes viagères immédiates.	» »	905.263 50	9.334 834 30
TOTAUX...............	60.341.797 10	987.090 50	11.363.815 20

ÉTAT N° 2

Balance des Écritures

ACTIF	BALANCE AU 31 DÉCEMBRE 1869	PASSIF
18.062.922 76	Immeubles.	
15.267.896 08	Rentes sur l'État.	
7.541.051 85	Valeurs en annuités diverses dues par l'État.	
26.593.358 59	Obligations de chemins de fer français.	
18.939.916 16	Actions de chemins de fer français.	
63.335 »	Achats de rentes viagères sur l'État.	
408.651 92	Achats de nues-propriétés sur l'État.	
193.829 18	Valeurs diverses.	
146.068 51	Effets à recevoir.	
773 980 26	En caisse et à la Banque de France.	
1.349.762 28	Prêts sur contrats.	
520.000 »	A-comptes payés aux actionnaires sur le dividende.	
890.000 »	Intérêts échus sur valeurs diverses et non encaissés au 31 Décembre 1869.	
2.451.863 27	Divers comptes débiteurs.	
	Capital social et réserves capitalisées	5.655.400 »
	Réserves pour les risques en cours — Assurances en cas de décès, mixtes, terme fixe, survie et différées....	26.800.061 48
	Réserves pour les risques en cours — Rentes de survie......	236.296 60
	Réserves pour les risques en cours — Rentes différées.......	1.041.763 40
	Réserves pour les risques en cours — Rentes viagères immédiates.	51.890.174 32
	Dividende à distribuer aux actionnaires.	1.880.000 »
	Arrérages échus et dus à divers...	252.750 90
	Réserve immobilière............	1.500.000 »
	Réserve de prévoyance pour rentes viagères.....................	200.000 »
	Loyers payés d'avance...........	257.945 25
	Solde du compte de profits et pertes.	2.792 80
	Bénéfices à répartir aux assurés vie entière, mixtes et à terme fixe...	2.529.307 90
	Amortissement d'actions de chemins de fer.	62.398 »
	Divers comptes créditeurs.........	898.745 21
93.207.635 86		93.207.635 86

ÉTAT N° 3

Compte de Profits et Pertes, arrêté au 31 Décembre 1869.

DÉBIT		CRÉDIT
	Solde au 31 Décembre 1867	16.218 54
	Bénéfice sur rentes viagères......	370.272 67
	Bénéfice sur Assurances vie entière, mixtes et à terme fixe, avec participation	5.058.615 80
	Bénéfice sur Assurances vie entière, mixtes et à terme fixe, sans participation..................	132.753 10
	Bénéfice sur Assurances de diverses natures	113.594 63
	Bénéfice sur achats de rentes viagères sur l'État..........	8.567 81
	Solde du compte d'intérêts.......	2.570.053 62
98.612 66	Perte sur diverses natures d'Assurances.	
2.529.307 90	Participation aux assurés vie entière, mixtes et à terme fixe.	
3.422.813 31	Frais généraux, traitement des Employés. Courtages à Paris, frais dans les agences et insertions pendant les années 1868-1869.	
106 253 50	Prélèvement pour le compte de prévoyance des rentes viagères.	
26.696 »	Prélèvement pour actes de bienfaisance.	
2.086.392 80	Pour solde.	
8.270.076 17		8.270.076 17

COMPAGNIE

D'ASSURANCES GÉNÉRALES

SUR LA VIE

Assemblée générale du 15 Juillet 1871

RAPPORT

DE M. P. DE HERCÉ, DIRECTEUR

MESSIEURS,

Conformément à l'article 37 des statuts, j'ai l'honneur de vous rendre compte, au nom du Conseil d'administration, des opérations de la Compagnie pendant l'année 1870.

Les états qui en justifient sont déposés sur le bureau.

Les souscriptions réalisées en 1870, pour assurances en

cas de décès, mixtes, à terme fixe et différées, s'élèvent en capitaux à la somme de........... F. 45.473.114 70

Les rentes viagères immédiates, différées et de survie constituées pendant l'année 1870, s'élèvent à.......... F. 557.386 45

Les primes et capitaux encaissés pour toutes ces opérations se sont élevées à la somme de....... .... F. 6.536.962 55

Le nombre des assurés décédés en 1870 est de 182; les sommes assurées sur leurs têtes s'élevaient à....... F. 2.678.642 08

Les rentes éteintes en 1870, par suite du décès de 307 rentiers, s'élèvent à la somme de..................... F. 212.808 60

Les risques en cours au 31 décembre 1870 se décomposent comme suit :

En capitaux assurés à.......... F. 304.740.271 51

En rentes viagères constituées à. F. 6.615.350 70

Notre branche d'assurances est celle qui souffrira le plus des conséquences des désastres de notre pays, et nous craignons que les dividendes de la période en cours ne soient sensiblement au-dessous de ceux de la période précédente. D'une part, nous aurons une diminution de revenu sur nos actions de chemins de fer et sur nos maisons de Paris, et vous savez que le compte d'intérêts est le principal élément de nos bénéfices.

D'un autre côté, nos opérations d'assurances en cas de décès donneront probablement, déduction faite de la part revenant aux assurés, des résultats peu importants.

Le chômage de plus de neuf mois que l'investissement de Paris et l'insurrection du 18 mars nous ont imposé, ainsi que l'épidémie de variole qui a sévi par toute la France, réduiront les bénéfices ordinaires de cette nature d'assurance.

Nous ne mentionnons pas les sinistres occasionnés par la guerre, parce qu'ils ne sont pas assez nombreux pour exercer une influence sensible sur les résultats de notre inventaire. Nous aurions pu repousser la responsabilité de quelques-uns, mais votre Conseil a pensé qu'il y avait un grand intérêt pour notre Compagnie à ne pas user rigoureusement de ses droits, et il a la satisfaction de vous dire que tous nos sinistres sont réglés sans aucun procès.

Vous avez appris par la circulaire qui vous a été adressée, que, pendant l'insurrection, nos fonds et nos valeurs ont été sauvegardés, et que nos immeubles de Paris n'ont éprouvé qu'un dommage de 4,000 fr. Sur nos immeubles ruraux, le dommage par les faits de la guerre s'élève de 15,000 à 20,000 fr.

Vous devez, Messieurs, être préoccupés avec juste raison de la dépréciation que nos immeubles et notre portefeuille ont pu subir depuis un an. Nous sommes heureux de pouvoir vous donner des éclaircissements de nature à vous tranquilliser.

Nous n'avons pas besoin de vous parler de nos immeubles ruraux. La réserve de 1,500,000 fr., que vous avez votée l'année dernière est amplement suffisante pour parer à toutes les éventualités.

Quant à nos maisons de Paris, si leur valeur réelle a diminué, elle est encore de beaucoup au-dessus de celle portée sur notre inventaire. Ainsi, par exemple, l'hôtel de la Compagnie et les maisons nos 85 et 89 de la rue de Richelieu, d'une contenance totale de 3,359 mètres superficiels, dont 2,269 mètres construits, figurent sur nos livres pour 4,086,000 fr.

Les maisons du boulevard Montmartre et du boulevard du Temple (Jardin Turc), sont évaluées sur nos livres : la première à 1,142,000 fr., pour 1,232 mètres superficiels, dont 1,054 mètres construits, et la seconde à 546,000 fr., pour 839 mètres superficiels, dont 690 mètres construits.

Ces chiffres représentaient à peine la valeur des terrains nus avant la guerre; quelque dépréciation qu'on leur suppose, il est impossible d'admettre que la valeur des constructions ne soit pas une surabondante compensation.

Quant à nos valeurs de portefeuille, si nous comparons les prix coûtants portés sur notre inventaire aux cours actuels, nous trouvons, à la vérité, une dépréciation de quatre millions environ, qui porte principalement sur nos rentes 3 p. 100. Cette différence est déjà en partie compensée par la plus-value de nos immeubles de Paris et par la marge considérable que nous laisse une attribution de 270,000 de rente 5 p. 100, aux taux d'émission dans l'emprunt national de deux milliards. La continuation de la hausse ne tarderait pas à effacer ce qui reste.

Remarquons d'ailleurs que nous n'avons pas de nouvel inventaire à dresser avant la fin de l'année, et souvenons-nous que, quand l'écart était en sens contraire, nous ne l'avions jamais considéré comme un bénéfice acquis.

La situation présente n'a donc rien d'inquiétant. Aussi, le Conseil a pensé qu'il n'y a pas de motifs de vous priver pour l'année courante de tout revenu sur vos actions. Il vous propose d'autoriser la distribution d'un à-compte de 1,000 fr. par action sur le dividende de la période en cours et à prélever provisoirement sur les résultats acquis du compte d'intérêt. Comme il ne vous a été fait aucune distribution au mois de novembre dernier, comme il a été décidé, ainsi que nous vous l'annonçons, qu'il n'en serait fait aucune au mois de novembre prochain, c'est en réalité une réduction de 300 fr. par action sur les anticipations de dividendes que l'usage était de vous remettre dans l'intervalle de deux inventaires.

Nos actions sont si peu nombreuses que cette distribution n'entraînera qu'un débours de 400,000 fr., chiffre sans importance sur la masse de nos affaires.

Les fonctions de MM. le baron Mallet et A. de Courcy, membres du Conseil d'administration, sont arrivées à leur terme. Vous n'ignorez pas qu'ils sont rééligibles.

Depuis notre dernière réunion, le Conseil a éprouvé une perte très-pénible. M. Grandidier, qui remplissait les fonctions d'inspecteur, est décédé au commencement du mois d'octobre dernier; vous vous associerez, Messieurs, aux regrets que cette perte nous a causés.

Usant de la faculté que lui donne l'article 23 des statuts, le Conseil s'est complété en s'adjoignant provisoirement M. Ganneron, agent de change honoraire.

Vous êtes invités à élire au scrutin deux administrateurs pour quatre ans, en remplacement de MM. le baron Mallet et A. de Courcy, et un administrateur pour deux ans, en remplacement de M. Grandidier, décédé.

Vous avez aussi à procéder à la nomination de trois commissaires pour la vérification des comptes de l'année 1871.

Vous allez entendre les observations de M. l'inspecteur.

OBSERVATIONS

de M. Ed. ODIER, Inspecteur

MESSIEURS,

Les calamités de la guerre ont surpris votre Compagnie quand l'activité toujours croissante de ses opérations et l'affluence des capitaux donnaient pour principale préoccupation à votre Conseil le soin judicieux des emplois de fonds; quand on entrevoyait des perspectives de prospérité presque illimitées qui faisaient rechercher vos actions pour ainsi dire à tout prix; quand nous avions acheté des maisons neuves encore inoccupées et entrepris des constructions inachevées; enfin quand l'ensemble de nos placements atteignait près de cent millions, et que nous avions plus de six millions de rentes viagères à servir.

La crise était formidable, bien plus grave que pour toutes les autres natures d'assurances. Les risques de la grêle durent à peine quelques mois; ils étaient tous éteints au mois de septembre. Les risques maritimes, en notre temps de transports rapides, durent souvent moins encore. Les risques d'incendie supposent le paiement préalable de la prime. En ces trois natures d'assurances, les primes successivement recueillies doivent subvenir aux sinistres; le capital social n'est qu'une garantie, une sorte de réserve pour le cas de perte. Quelques fluctuations dans le cours des valeurs n'ont qu'une très-médiocre importance et le compte d'intérêts est lui-même un élément très-accessoire de nos opérations.

Il en est tout autrement des assurances sur la vie. Ici des contrats qui embrassent la vie entière de nos clients. Ici des rentiers inquiets, facilement alarmés, dont la subsistance même est dans la dépendance de nos ressources. Ici des capitaux immenses qu'il a fallu placer. La dépréciation des valeurs et la diminution des revenus acquièrent une gravité extrême. Joignez à cela, Messieurs, les influences de la guerre sur les maladies et la mortalité, et enfin la terrible épidémie de variole qui a sévi par toute la France.

Votre Conseil a dû envisager, dès la déclaration de guerre et plus particulièrement au commencement de septembre, toutes les difficultés, tous les périls de cette situation. Il s'est appliqué à les surmonter avec le moins de dommage possible pour vos intérêts, sans aucun préjudice et même avec une confirmation nouvelle de votre crédit. Le crédit incontesté est, surtout pour une Compagnie comme la nôtre, la condition nécessaire de prospérités futures.

Je suis heureux de vous dire que le succès a couronné les efforts de votre Conseil.

D'abord, par des ventes opportunes, il s'est ménagé des ressources disponibles et comme un vaste réservoir pour remplacer les affluents d'affaires nouvelles qu'il s'attendait à voir tarir. Lorsque l'investissement de Paris a été imminent, des sommes considérables ont été confiées à des mandataires sûrs dans les principales villes de France, afin de pourvoir au service des rentes viagères. Plus tard même, le siége se prolongeant, quand nous avons craint que ces dépôts ne fussent épuisés, nous les avons renouvelés en ouvrant des crédits par la voie des ballons. Ainsi, le payement de nos rentes a partout continué au domicile de nos agents, sans aucun atermoiement. A Paris, ce payement n'a éprouvé non plus aucune interruption. J'ajoute qu'il a continué avec la même régularité dans la trop longue période de l'insurrection Parisienne. Nous avons recueilli les témoignages de gratitude et presque les bénédictions de nos rentiers, étonnés de la ponctualité que mettait la Compagnie à s'acquitter de ses engagements, quand il était à peu près admis qu'on pouvait ne pas prendre souci de ses échéances, et vous comprenez quel relief en a reçu votre crédit.

Ce n'est pas tout, il fallait nous préoccuper aussi de nos nombreux assurés, la plupart pères de famille et dans la force de l'âge. La mort à la guerre ou par suite des blessures reçues à la guerre est bien exceptée de notre garantie, mais dans les circonstances douloureuses créées par le siége de Paris, où devaient se fixer les limites de l'exception? Quand tous les pères de famille étaient invités à s'armer et à se porter à la défense des remparts, fallait-il refroidir les courages et glacer le patriotisme par la pensée qu'on compromettait l'avenir de la veuve et le patrimoine des enfants? N'avions-nous pas à craindre de heurter un sentiment public vivement surexcité?

La question s'est imposée à votre Conseil. Nous l'avons résolue avec une certaine hardiesse peut-être : l'événement a cependant montré que nos concessions n'étaient pas téméraires. Nous avons étendu ou expliqué notre garantie en termes fort libéraux en faveur des assurés requis de faire un service de garde nationale, même après s'y être volontairement incorporés; nous avons non-seulement offert ces conditions libérales aux assurés nouveaux, nous en avons appliqué le bénéfice à tous les anciens assurés.

En fait, elles n'ont mis à notre charge que des pertes de peu d'importance.

Ce n'est pas tout encore. La Compagnie étant propriétaire de nombreux immeubles à Paris, nous avons cru devoir en transformer un en ambulance. Soixante lits y ont été dressés, cent cinquante et un malades ou blessés y ont reçu successivement les soins de médecins éclairés et de sœurs hospitalières. Notre ambulance a reçu les suffrages les plus compétents et je ne ferai que rendre justice à notre Directeur, Messieurs, en disant qu'il l'a organisée, surveillée et gérée avec la sollicitude la plus constante et la plus méritoire au milieu de difficultés accrues par la pénurie des subsistances à la fin du siége.

Certes, en prenant cette décision, nous étions loin de prévoir combien de temps notre immeuble conserverait cette destination hospitalière et quel serait par suite le chiffre élevé des dépenses; elles ne sont pas montées à moins de 100,000 fr.

Nous sommes persuadés que vous ne nous les reprocherez pas. Nous avons eu la consolation de ne perdre qu'un très-petit nombre de nos hôtes, six seulement sur cent cinquante et un. Nous avons eu une autre satisfaction bien vive, c'est que les pieuses Sœurs qui prodiguaient leurs soins à nos blessés sont demeurées respectées, même au milieu des plus affreux excès de la Commune, et ont fini par trouver elles-mêmes un toit protecteur dans l'asile où elles avaient adouci tant de souffrances.

Je parlerai brièvement d'autres destinations reçues par nos immeubles et qui ont eu un caractère moins spontané : affectation de nos boutiques à des services publics, logement de militaires, de familles réfugiées de la banlieue ou d'habitants des quartiers bombardés.

Celles de nos maisons qui manquaient de locataires ne manquaient pas pour cela d'occupants, et les mairies nous ménageaient d'autant moins qu'elles trouvaient chez nous plus d'empressement et de bon vouloir. Nous estimions, Messieurs, que nous avions à nous faire pardonner l'apparence de notre opulence, et les millions longtemps complaisamment étalés de nos affiches. Nous avons subi bien des dégâts partiels sans doute, nous avons eu bien des nettoyages à ordonner; nous n'osons pas nous en plaindre, quand nous constatons, à travers tant de ruines amoncelées, que les obus et l'incendie ont épargné tous nos immeubles.

Après ces crises violentes, ces épreuves, ces anxiétés, quelle est notre situation? Un mot suffit, peut-être, à la résumer. Votre Compagnie a pu participer pour 270,000 fr. de rente à l'emprunt national de deux milliards. La dépréciation de nos valeurs de portefeuille, qu'un peu de hausse effacerait bientôt, est surabondamment compensée par la plus-value de nos immeubles et nos diverses réserves.

Enfin, nótre crédit, loin d'être ébranlé, a reçu une éclatante consécration.

La plus récente négociation de vos actions remonte au mois de mai 1869 et a eu lieu au cours de 30,000 fr.

Vos actions avaient été recherchées depuis avec des offres bien supérieures, on ne trouvait pas de vendeurs. En trouverait-on aujourd'hui à un cours inférieur? Je ne le pense pas.

Nous entrons dans une ère réparatrice; déjà nos affaires se raniment, et leur activité s'accroît de jour en jour.

Espérons, Messieurs, que vos titres reprendront bientôt leur marche ascensionnelle, et qu'il n'y aura eu qu'une interruption passagère de votre prospérité.

ÉTAT N° 1

Souscriptions réalisées pendant l'année 1870.

NATURE DES OPÉRATIONS	CAPITAUX ASSURÉS.	RENTES CONSTITUÉES	CAPITAUX et primes de 1re année ENCAISSÉS
Assurances vie entière.....	38.201.064 »	» »	902.291 40
— mixtes.........	5.233.576 »	» »	235.505 10
— à terme fixe....	989 700 »	» »	43.558 20
— temporaires.....	380.599 »	» »	12.558 10
— de survie......	20.600 »	20.900 »	14.979 55
— différées........	647.575 70	24.122 30	189.136 45
Rentes viagères immédiates.	» »	512.364 15	5.138.933 75
TOTAUX.............	45.473.114 70	557.386 45	6.536.962 55

ÉTAT N° 2 — BALANCE DES ÉCRITURES AU 31 DÉCEMBRE 1870

	ACTIF	
Immeubles	20.305.823	»
Rentes sur l'État	17.541.481	77
Valeurs en annuités diverses dues par l'État	7.394.934	14
Obligations de chemins de fer français, savoir :		
9.347 Obligations Est 3 °/° et 5 °/°.		
13.158 Obligations Ouest 3 °/° et 5 °/°.		
8.431 Obligations Orléans 3 °/°.		
32.133 Obligations Paris-Lyon-Méditerranée 3 °/° et 5 °/°.		
5.731 Obligations Midi 3 °/°.		
68.800 Obligations ayant coûté	24.269.948	22
Actions de chemins de fer français, savoir :		
1.989 Actions Est.		
6.000 Actions Orléans.		
8.000 Actions Paris-Lyon-Méditerranée.		
6.200 Actions Nord.		
22.189 Actions ayant coûté	21.057.586	65
Achats de rentes viagères sur l'État.	62.387	25
Achats de nues-propriétés sur l'État	400.428	57
Valeurs diverses	345.325	13
Effets à recevoir	33.860	50
En caisse et à la Banque de France	1.514.436	20
Prêts sur contrats	1.484.822	»
Loyers dus	496.242	»
Primes à recouvrer	4.648.704	»
Frais de l'année	1.265.832	»
Divers comptes débiteurs	602.203	56
	101.484.014	99

	PASSIF	
Capital social et réserve statutaire	5.655.400	»
Fonds provenant d'opérations d'assurances	90.261.144	47
Arrérages échus et dus à divers	1.198.782	»
Réserve immobilière	1.500.000	»
Réserve de prévoyance pour rentes viagères	200.000	»
Amortissement d'actions de chemins de fer	62.398	»
Sinistres à régler	860.217	»
Loyers payés d'avance	286.153	10
Bénéfices restant à payer aux assurés	1.082.367	»
Dividende restant à distribuer aux Actionnaires	12.880	»
Solde du compte de profits et pertes	2.792	80
Caisse de prévoyance des employés	157.228	41
Divers comptes créditeurs	204.052	21
	101.484.014	99

3269 RENOU ET MAULDE.

3269 — RENOU ET MAULDE, A PARIS

www.ingramcontent.com/pod-product-compliance
Ingram Content Group UK Ltd.
Pitfield, Milton Keynes, MK11 3LW, UK
UKHW020203200726
13856UKWH00003B/1171